BEI GRIN MACHT SICH IHR WISSEN BEZAHLT

Interpretation des Gedichts "Todesfuge": Historischer Kontext und biographische Gesichtspunkte

Hanna Holtmann

Bibliografische Information der Deutschen Nationalbibliothek:

Die Deutsche Nationalbibliothek verzeichnet diese Publikation in der Deutschen Nationalbibliografie; detaillierte bibliografische Daten sind im Internet über http://dnb.d-nb.de abrufbar.

ISBN: 9783656424321
Dieses Buch ist auch als E-Book erhältlich.

Druck und Bindung: Books on Demand GmbH, Norderstedt Germany
Gedruckt auf säurefreiem Papier aus verantwortungsvollen Quellen

Das vorliegende Werk wurde sorgfältig erarbeitet. Dennoch übernehmen Autoren und Verlag für die Richtigkeit von Angaben, Hinweisen, Links und Ratschlägen sowie eventuelle Druckfehler keine Haftung.

Das Buch bei GRIN: https://www.grin.com/document/213890

Inhaltsverzeichnis

1. Einleitung

In der folgenden Arbeit werde ich das 1945 in Bukarest entstandene Gedicht *Todesfuge* aus dem Band *Der Sand aus den Urnen* von Paul Celan, in Hinsicht auf ihre Bedeutung im nationalsozialistischen und biographischen Sinne, analysieren und interpretieren.

Den Anstoß, dieses Thema zu wählen, gab mir mein Vater, da er 1981 nach seinem Abitur für drei Monate in Israel lebte, in einem Kibbuz arbeitete und sich dort intensiv mit Paul Celan und seiner Dichtung befasste. Sobald ich alt genug war, diese doch recht anspruchsvolle Art der Lyrik zu verstehen, führte mich mein Vater in Leben und Dichtung Paul Celans ein. Nun widme ich mich bewusst seinem Gedicht *Todesfuge*, da es zum einen für jenes gehalten wird, welches Celans populären Durchbruch darstellt, zum anderen aber das entstandene Elend durch die Nationalsozialisten verkörpert (was auch Celan zu spüren bekam) und somit zur sogenannten „Holocaustliteratur" gehört.

Um Paul Celans Dichtung, speziell seine *Todesfuge*, begreifen zu können, musste ich mich intensiv in sein Leben und seine Werke hineinarbeiten, was sehr zeitaufwändig war, ebenso die Literaturbeschaffung. Ich benötigte nicht nur Interpretationshilfen und Ansätze, sondern auch Biographien des Paul Celans und historische Literatur über die Nazi-Zeit. Letztendlich fand ich zwanzig Bücher, die ich inhaltlich durcharbeitete. Diese besorgte ich mir unter anderem aus der Uni-Bibliothek der Ruhr-Universität Bochum und der Rheinischen Friedrich-Wilhelms-Universität Bonn. Zudem entdeckte ich, mithilfe eines Studenten, im Internet Fachzeitschriften wie „Kindlers Literatur Lexikon Online" und „germanica. revues. org/1471", die mir weiteren Aufschluss über das Denken des Paul Celan gaben.

Hauptaspekt meiner Facharbeit ist die Beantwortung der Frage durch eine Analyse, inwieweit das Leben des Paul Celan und der historische Kontext eine Rolle für das Verständnis der *Todesfuge* spielen. Dazu habe ich zunächst alle als wichtig erscheinenden Stellen in der Literatur gelesen, markiert und gekennzeichnet. Daraufhin habe ich mehrere Seiten handschriftliche Arbeit geleistet, die dann vollständig ausgearbeitet getippt werden konnte.

2. Die *Todesfuge*

Schwarze Milch der Frühe wir trinken sie abends
wir trinken sie mittags und morgens wir trinken sie nachts
wir trinken und trinken
wir schaufeln ein Grab in den Lüften da liegt man nicht eng
Ein Mann wohnt im Haus der spielt mit den Schlangen der
schreibt
der schreibt wenn es dunkelt nach Deutschland dein
goldenes Haar Margarete
er schreibt es und tritt vor das Haus und es blitzen die
Sterne er pfeift seine Rüden herbei
er pfeift seine Juden hervor läßt schaufeln ein Grab in der
Erde
er befiehlt uns spielt auf nun zum Tanz

Schwarze Milch der Frühe wir trinken dich nachts
wir trinken dich morgens und mittags wir trinken dich
abends
wir trinken und trinken
Ein Mann wohnt im Haus der spielt mit den Schlangen der
schreibt
der schreibt wenn es dunkelt nach Deutschland dein
goldenes Haar Margarete
Dein aschenes Haar Sulamith wir schaufeln ein Grab in
den Lüften da liegt man nicht eng
Er ruft stecht tiefer ins Erdreich ihr einen ihr andern
singet und spielt
er greift nach dem Eisen im Gurt er schwingts seine Augen
sind blau
stecht tiefer die Spaten ihr einen ihr andern spielt weiter
zum Tanz auf
Schwarze Milch der Frühe wir trinken dich nachts
wir trinken dich mittags und morgens wir trinken dich
abends
wir trinken und trinken
ein Mann wohnt im Haus dein goldenes Haar Margarete
dein aschenes Haar Sulamith er spielt mit den Schlangen

Er ruft spielt süßer den Tod der Tod ist ein Meister aus

Deutschland

er ruft streicht dunkler die Geigen dann steigt ihr als Rauch

in die Luft

dann habt ihr ein Grab in den Wolken da liegt man nicht

eng

Schwarze Milch der Frühe wir trinken dich nachts

wir trinken dich mittags der Tod ist ein Meister aus

Deutschland

wir trinken dich abends und morgens wir trinken und

trinken

der Tod ist ein Meister aus Deutschland sein Auge ist blau

er trifft dich mit bleierner Kugel er trifft dich genau

ein Mann wohnt im Haus dein goldenes Haar Margarete

er hetzt seine Rüden auf uns er schenkt uns ein Grab in der

Luft

er spielt mit den Schlangen und träumet der Tod ist ein

Meister aus Deutschland

dein goldenes Haar Margarete

dein aschenes Haar Sulamith[1]

3. Historischer Kontext – Die Judenvernichtung Deutschlands

Entscheidend für die Interpretation des Gedichts *Todesfuge* sind die geschichtlichen Hintergründe. Die *Todesfuge* entstand 1944/45,[2] zum Ende des zweiten Weltkrieges.

Ab 1933 hatten es sich die Nationalsozialisten unter dem Befehl von Hitler zur Aufgabe gemacht, die gesamte jüdische Bevölkerung zu diskriminieren und letztendlich zu vernichten.[3] Ab dem Herbst 1941 erreichte der Hass gegen die Juden seinen Höhepunkt. Nun wurden sechs Vernichtungslager (Auschwitz, Majdanek, Belzec, Chelmno, Sobibor, Treblinka) errichtet, die einzig und allein

1 Paul Celan, Todesfuge und andere Gedichte, Herausgegeben u. Kommentiert von Barbara Wiedermann, Frankfurt a.M. 2004, S.11-12
2 Freunde datierten *Todesfuge* auf 1944, Celan hingegen auf 1945, vgl. J. Felstiner, Eine Biographie, S.55-56
3 Hans-Ulrich Wehler, Deutsche Gesellschaftsgeschichte, Vom Beginn des Ersten Weltkrieges bis zur Gründung der beiden deutschen Staaten, 1914-1949, Band 4, München 2008, S. 895-897; im Folgenden zitiert als: Wehler, Gesellschaftsgeschichte

zur Ermordung der Juden dienten; nicht wie die bisherigen Konzentrationslager, welche das Schicksal der Gefangenen noch offenließen.[4] In den Gebieten, die unter deutscher Herrschaft standen,[5] wurden in etwa sechs Millionen Juden ermordet. Darunter dreihundertfünfzigtausend allein in Rumänien, der Heimat Paul Celans, was circa der Hälfte der dort lebenden Juden entspricht.[6] So schritt die Deportation, Ghettoisierung und Vernichtung der Juden voran. 1942 floh Benno Teitler, Vetter Paul Celans, aus einem der Lager und konnte diesem somit Bericht über die Ereignisse erstatten.[7]

4. Biographie des Paul Celan

Paul Antschel (später entstand aus der rumänischen Schreibweise seines Namens *Ancel* das Anagramm Celan)[8] wurde am 23. November 1920 als einziger Sohn von Friederike und Leo Antschel im damals rumänischen Czernowitz geboren.[9] Daheim sprach die Mutter ausschließlich hochdeutsch mit ihrem Sohn und legte besonders großen Wert auf eine korrekte und adäquate Aussprache. Somit wurde Deutsch Celans Muttersprache, wie sich auch in seinen späteren Gedichten zeigte. Während Paul Celan eine äußerst enge Beziehung und Bindung zu seiner Mutter hatte, empfand er gegenüber seinem „strengen Vater [Aversion]". Diese Tatsache zeigt sich auch in seinen Dichtungen: Oft windet sich das Wort „Mutter" und seine Erinnerungen an sie durch jene („Muttertag 1938 – Sonett an die Mutter"), hingegen benennt er seinen Vater in keinem seiner Gedichte. 1933 fand Paul Celans Bar Mizwa statt, welche ihn zu einem vollwertigen Juden machte. Bereits in diesem Alter schloss sich der linksorientierte Schüler einer antifaschistischen Jugendgruppe an, während Hitler auf dem Vormarsch war und „kommunistische Betätigung mit Folter und Haft geahndet wurde".[10] Nach häufigen Schulwechseln von deutsch-hebräischen auf rumänische Schulen,

---

4   Wehler, Gesellschaftsgeschichte, S.891
5   Vgl. Abbildung 14, Walther L. Bernecker, Europa zwischen den Kriegen 1914-1945, in: Peter Blickle (Hrsg.), Handbuch der Geschichte Europas, Band 9, S. 322-323
6   Wehler, Gesellschaftsgeschichte, S.898
7   Peter Goßens, II. Dichtung. Das Frühwerk bis zu *Der Sand aus den Urnen,* in: Markus May, J. Lehmann, P. Goßens (Hrsg.): Celan Handbuch, Leben-Werk-Wirkung, Stuttgart/Weimar 2008, S. 10, im Folgenden zitiert als: Goßens, Dichtung
8   Goßens, Dichtung, S. 47
9   John Felstiner, Paul Celan, Eine Biographie München 1997, S. 28
10 Vgl. J. Felstiner, Paul Celan, Eine Biographie, München 1997, S.28-31

erlangte Celan 1938 sein Abitur. Auf Wunsch seiner Eltern studierte er Medizin. Allerdings tat er dies im Ausland (Frankreich), da es ihm aufgrund der Studienbeschränkungen für Juden in Rumänien untersagt war.[11] Sodann brach im September 1939 der Krieg aus. Deutschland bedrohte Polen, und Paul Celan kehrte zurück nach Rumänien. Doch bereits im Juni 1940 wurde Czernowitz von russischen Truppen besetzt. Auch als 1941 der Einmarsch deutscher Truppen begann, blieb Celan mit seinen Eltern in seiner Heimat. Gemeinsam mit tausenden anderen Juden wurden sie, nach stundenlangem Gemetzel seitens der deutsch-rumänischen Truppen, in ein Ghetto getrieben. Später sollten die Juden größtenteils in Arbeits- und Vernichtungslager deportiert werden. Dann geschah am 27. Juni 1942 das, was bis heute das Trauma des Dichters und somit die Suggestionskraft seiner Verse erklärt.[12]

Nachdem Celan seine Eltern nach einem Streit über Nacht allein ließ und zu Freunden „flüchtete", fand er am nächsten Morgen ein leeres Haus vor. Seine Eltern waren von der SS nach Transnistrien deportiert worden. Kurze Zeit später wurde Paul Celan in einem Lager interniert, wo er zwei Jahre Zwangsarbeit verrichten musste. Im selben Jahr noch erfuhr er vom Tod des Vaters an Typhus und der Ermordung der Mutter durch einen Genickschuss.[13] Sein restliches Leben blieb Celan sich nun schmerzlich bewusst, dass er seine Eltern „so [ganz] ohne Abschied verließ, […] für immer".[14] Diese Selbstbeschuldigung gipfelte in einem Selbstmord in der Nacht vom 19. auf den 20. April 1970 in der Seine.[15]

5. Analyse des Gedichts *Todesfuge*

Die 1945 entstandene *Todesfuge*,[16] verfasst von Paul Celan, befasst sich mit dem Aufenthalt der Juden in Konzentrationslagern und dem dort herrschenden Leid. Paul Celan verarbeitet hierbei den Tod und Verlust der Eltern und macht auf die Grausamkeiten in den Lagern aufmerksam. Somit wird *Todesfuge* zu einem

---

11 Paul Celan, Todesfuge und andere Gedichte, Herausgegeben u. Kommentiert von Barbara
   Wiedermann, Frankfurt a.M. 2004, S. 89
12 Goßens, Dichtung. S.8-10
13 Isreal Chalfen, Paul Celan, Eine Biographie seiner Jugend, Frankfurt a.M. 1979, S.129
14 John Felstiner, Paul Celan, Eine Biographie München 1997, S. 40
15 Paul Celan, Todesfuge und andere Gedichte, Herausgegeben u. Kommentiert von Barbara
   Wiedermann, Frankfurt a.M. 2004, S. 90
16 Das Gedicht wurde 1952 erstmals in Deutschland veröffentlicht, vgl. J. Felstiner, Biographie,
   S. 53

Gedicht nach Auschwitz, das gleichsam eine Art Totengedächtnis darstellt.[17] Dies werde ich, basierend auf meiner Leitfrage, inwiefern das Leben des Paul Celan und der historische Kontext ausschlaggebend für die Interpretation der *Todesfuge* sind, im Folgenden herausarbeiten.

Zunächst fällt die metrische Gestaltung der *Todesfuge* und ihre Interpunktionslosigkeit auf, durch die das Gedicht scheinbar an Tempo gewinnt und durchaus als musikalische Fuge verstanden werden kann. Die zunächst unregelmäßig und monoton wirkenden Verse schwingen sich beim Lesen jedoch auf „absolut regelmäßige Verse [ein]",[18] wodurch ein Refrain aus Repetition („*Schwarze Milch der Frühe wir trinken dich Nachts*") entsteht.[19] Jene zynische Verbindung von Morden und Musizieren,[20] erweckt eine groteske Idee von Musik, welche die *Todesfuge* zu einer Art Totentanz werden lässt. Auch der vorausgegangene Name der *Todesfuge* „*Todestango*" unterstützt diese These.[21] Hierzu sind allerdings widersprüchliche Aussagen in der Literatur zu finden.[22]

In Bezug auf den historischen Kontext, kann die Vermutung angestellt werden, dass *Todesfuge* auf einem Bericht aus dem Lager von Grzymalow in Lemberg basiert. Dort wird berichtet, dass der Kommandant „Tangos aufspielen ließ, während das Werk der Gaskammern und Verbrennungsöfen seinen Fortgang nahm".[23]

Auch inhaltlich ist Musik im Gedicht festzustellen. Es wird vom Herbeipfeifen der Rüden, vom Spielen, Singen und Tanzen und von Geigen gesprochen. Somit gewann der Name „*Todesfuge*" an Bedeutung.[24]

Zu Beginn des Gedichts verwendet Paul Celan das berühmte Oxymoron

17 Hermann Burger, Paul Celan, Auf der Suche nach der verlorenen Sprache, Frankfurt a.M. 1989, S.29. Im Folgenden zitiert als Burger, Suche nach Sprache
18 Paul Celan, Todesfuge und andere Gedichte, Herausgegeben u. Kommentiert von Barbara Wiedermann, Frankfurt a.M. 2004, S. 130
19 J. Felstiner, Biographie, S. 59
20 Julia Abel, Paul Celan, Das lyrische Werk, in: Kindlers Literatur Lexikon Online, http://login.kll-online.de/index.php?
reason=denied_empty&script_name=/nxt/gateway.dll&path_info=/kll/c/k0123300.xml/k01233
00_010.xml&f=templates$fn=index.htm$q=[rank,500%3A[domain%3A[and%3A[field,body
%3Ajulia%20abel%20das%20lyrische%20werk]]][sum%3A[field,lemmatitle%3Ajulia
%20abel%20das%20lyrische%20werk]][field,body%3Ajulia%20abel%20das%20lyrische
%20werk]]]$x=server$3.0#LPHit1
21 Goßens, Dichtung, S. 47
22 Paul Celan, Todesfuge und andere Gedichte, Herausgegeben u. Kommentiert von Barbara Wiedermann, Frankfurt a.M. 2004, S. 129
23 Goßens, Handbuch und Dichtung, S.47-48
24 J. Felstiner, Biographie, S.61

„Schwarze Milch der Frühe",[25] welches diese überlebenswichtige Nahrung zunichte macht. Durch das Wort „schwarz", welches die Farbe des Todes ist, wirkt die Milch wie eine Art Gift, das die Lagerinsassen „*trinken und trinken*". Der Eindruck entsteht, als bekämen die Gefangenen nicht genug von dieser bittersüßen Art des Todes.[26] Tag und Nacht nehmen sie dieses Gebräu zu sich, was sie mit jedem Mal näher zu ihrem Ende bringt. Zudem zeigt sich bereits in diesen ersten vier Wörtern die Hermetik, die in allen Gedichten Paul Celans zu finden ist.[27] Denn obwohl es offenbar Tag ist („Frühe"), versprüht die *„schwarze Milch"* Dunkelheit. Dieser Antagonismus bedeutet den Juden, wie schnell für sie im Konzentrationslager aus Helligkeit Finsternis werden kann.[28] Auch der zeitlich rückwärts ablaufende Prozess des Trinkens *(„wir trinken sie abends wir trinken sie mittags und morgens wir trinken sie nachts")* erweckt die Idee des „Zurückdenkens" in die recht dunkle Vergangenheit des Dichters. Möglich wäre, dass Paul Celan in dieser Strophe den Verlust seiner Eltern mit einfließen ließ.

Im nächsten Vers *(„wir schaufeln ein Grab in den Lüften da liegt man nicht eng")* spielt Celan durch die Metapher *„ein Grab in den Lüften"* auf die Vergasung und Verbrennung der Juden an. Obwohl diese grauenvolle Prozedur hier ihre Anklage findet, schwingt auch ein positiver Aspekt in den Worten *„da liegt man nicht eng"* mit. Denn so wirkt die Verbrennung der Leichen wie eine Art Erlösung aus den überfüllten Baracken, in denen die Juden eingepfercht leben mussten. Als Rauch im Himmel erlangen sie ihre Freiheit zurück.[29]

Des Weiteren schreibt Paul Celan, dass „ein Mann […] im Haus [wohnt], der […] mit den Schlangen [spielt]". Das Entscheidende ist hierbei das „Nichtgesagte" und somit indirekt Gesagte, nämlich dass die Juden (*„wir/uns"*[30]) draußen sind. Hierbei wird der Machtunterschied deutlich, denn während der Mann im Haus *„schreibt wenn es dunkelt nach Deutschland"*, müssen die für ihn wertlosen Juden draußen in unmenschlichen Bedingungen leben.[31] Die Erwähnung der Schlangen gibt dieser Tatsache eine böse und giftige Stimmung. Ferner ist denkbar, dass die

25 Alwin Binder, Die Meister aus Deutschland, zu Paul Celans Todesfuge, auf: germanica.revues.org/1471 oder auf: www. Alwinbinder.de/html/paul_celan.html
26 Burger, Suche nach Sprache, S. 75 u. J. Felstiner, Biographie, S.62
27 Julia Abel, Das lyrische Werk, in: Kindlers Literatur Lexikon Online, (für URL vgl. Angaben im Literaturverzeichnis)
28 Diese Idee findet sich angedeutet in: J. Felstiner, Biographie, S.62
29 J. Felstiner, Biographie, S.64
30 J. Felstiner, Biographie, S.66
31 Paul Celan, Todesfuge und andere Gedichte, Herausgegeben u. Kommentiert von Barbara Wiedermann, Frankfurt a.M. 2004, S. 131

Schlangen ein Hinweis auf die medizinischen Versuche und Folterungen an Juden durch deutsche Lagerärzte sind, da Schlangen für Weisheit und als medizinisches Symbol stehen. Der bekannteste dieser Ärzte war Josef Mengele, welcher „die 'besonderen Gegebenheiten von Auschwitz' für die Zwecke der wissenschaftlichen Forschung und für die Durchführung von medizinisch-wissenschaftlichen Experimenten an Menschen, vor allem an Zwillingen, [ausnutzte]".[32]

Im Weiteren ist nun insbesondere die Erwähnung von Deutschland wichtig. Paul Celan verbindet Deutschland hiermit eng mit den Geschehnissen,[33] weshalb er seine deutschen Werke und allgemein sein Künstlertum als einen Verrat an der jüdischen Sache gesehen haben könnte.[34]

Überdies verknüpft er Deutschland im Nationalsozialismus mit der Dunkelheit.[35] Dies kann im übertragenen Sinne gemeint sein, allerdings kann es auch wörtlich verstanden werden. Der aufsteigende Rauch aus den Verbrennungsöfen verdunkelt den Himmel, jüdische Leichen werden verbrannt, indes der Lagerkommandant Liebesbekundungen schreibt („*der schreibt wenn es dunkelt nach Deutschland dein goldenes Haar Margarete*").

Dass Paul Celan „dem romantischem Ideal der Deutschen" den Namen „*Margarete*" gab, wirkt wohlüberlegt. Denn Goethe nannte in seinem Werk *Faust* die tragische Heldin Margarete/Gretchen.[36] Nun steht dieses Werk beinahe stellvertretend für die deutsche Literatur, und somit hat die Namenswahl Celans eine große Bedeutung. *Margarete* verkörpert die arische Rasse, welche von den Nationalsozialisten als deutsch und rein angesehen wird, während die jüdische Rasse als feindlich und „dreckig" dargestellt wird („*dein aschenes Haar Sulamith*"). Es entsteht am Ende des Gedichts eine makabere Schwesternschaft, die einer Perversion gleicht, als Paul Celan schreibt „*dein goldenes Haar Margarete dein aschenes Haar Sulamith*".[37] Beinahe erinnert dieser letzte Absatz an das Märchen „Frau Holle", bei dem die „Goldmarie" golden erstrahlt und als fleißiges, gütiges Mädchen dargestellt wird, während die „Pechmarie" von

32 Zdenek Zofka, Der KZ-Arzt Josef Mengele, Zur Typologie eines NS-Verbrechers, in: Vierteljahrshefte für Zeitgeschichte, 34. Jahrgang, Heft 2 (April 1986), S.245
33 Paul Celan, Todesfuge und andere Gedichte, Herausgegeben u. Kommentiert von Barbara Wiedermann, Frankfurt a.M. 2004, S. 131
34 Burger, Suche nach Sprache, S. 29
35 J. Felstiner, S.64
36 J. Felstiner, Biographie, S. 64
37 Alwin Binder, Die Meister aus Deutschland, zu Paul Celans Todesfuge, auf: germanica.revues.org/1471 oder auf: www. Alwinbinder.de/html/paul_celan.html

schwarzem Pech übergossen wird und als faul und gehässig gilt. Die Tatsache, dass der Mann an seine Geliebte schreibt und daraufhin *„vor das Haus [tritt], [...] seine Rüden herbeipfeift, [...] seine Juden hervorpfeift [und] ein Grab in der Erde [schaufeln läßt]"*, wirkt besonders makaber und grausam. Denn die romantisch klingenden Worte lassen eine Art Wärme vermuten, die jedoch durch die darauffolgende Tat sofort zunichte gemacht wird. Der „Mann" erscheint nun besonders kalt und erbarmungslos.

Das Sprachbild, bei dem die Juden mit den Hunden gleichgestellt werden (*„er pfeift seine Rüden herbei er pfeift seine Juden hervor"*), deutet auch auf eine dementsprechende Behandlung der Gefangenen hin.[38] Denn Berichten zufolge nannten „die Nazischergen [...] ihre Juden 'Hunde' und ihre Schäferhunde 'Männer'".[39] Dieser Fakt bestätigt sich auch durch den Vers *„er befiehlt uns spielt auf nun zum Tanz"*. Dies wird von den Juden verlangt, während sie ihr eigenes Grab schaufeln müssen, was an sich schon qualvoll genug ist. Der ganze Vorgang wirkt wie eine festliche Zeremonie, an der sich der Kommandant zu laben scheint. Dieses Vorgehen ist selbst in Bezug auf den historischen Kontext besonders grausam.

Ebenfalls auffällig ist das „uns", durch das der Erzähler als lyrisches Subjekt fungiert und er das Geschehen von einem höheren Standpunkt aus arrangiert.[40] Die Verbindung von Waffenmetall und blauer Augenfarbe (*„er greift nach dem Eisen im Gurt er schwingts seine Augen sind blau"*) lässt Kälte entstehen in Bezug auf die Nationalsozialisten, denn die „gefeierte Reinheit" des blauen Auges[41] war das typische Kennzeichen eines jeden arischen Deutschen. Auch die hier anklingende Gewalt gegen die Juden war ein typisches Vergehen des Holocausts. Berichten zufolge wurden Celans Eltern ebenfalls nach ihrer Festnahme durch Stockhiebe „gezüchtigt",[42] was den Dichter dazu veranlasst haben könnte, diese Verbrechen an Juden nicht außer Acht zu lassen, sondern es in seinem Gedicht *Todesfuge* durchschimmern zu lassen.

In gleicher Weise zeigt sich die Aufarbeitung des Holocausts,[43] insbesondere der

---

38 Paul Celan, Todesfuge und andere Gedichte, Herausgegeben u. Kommentiert von Barbara Wiedermann, Frankfurt a.M. 2004, S. 132
39 J. Felstiner, Biographie, S.66
40 Alwin Binder, Die Meister aus Deutschland, zu Paul Celans Todesfuge, auf: germanica.revues.org/1471 oder auf: www. Alwinbinder.de/html/paul_celan.html
41 J. Felstiner, Biographie, S.68
42 Israel Chalfen, Paul Celan, Eine Biographie seiner Jugend, Frankfurt a.M. 1979, S.123
43 Alwin Binder, Die Meister aus Deutschland, zu Paul Celans Todesfuge, auf:

Verlust der Eltern, in dem Vers „*der Tod ist ein Meister aus Deutschland sein Auge ist blau er trifft dich mit bleierner Kugel er trifft dich genau*". Dieser Reim, welcher den einzigen in dem gesamten Gedicht darstellt, lässt den Leser die Präzision des Schusses und seine kaltblütige Ausführung spüren. Eben jenes genaue Zielen skizziert die Tödlichkeit des Schusses. Er wirkt gezielt und traf Celan vermutlich mitten ins Herz, denn wie bereits erwähnt wurde Friederike Antschel durch einen Genickschuss getötet. Paul Celans Worte sind angereichert durch den Holocaust, den Tod der Eltern hat er sich selbst nie verziehen.[44]

Das Satzgefüge „*der Tod ist ein Meister aus Deutschland*" wiederholt sich viermal, wodurch es kein Entrinnen zu geben scheint – Deutschland ist todbringend.[45] Als dieser Vers zum vierten Mal repetiert, heißt es jedoch „*[der Mann] träumet der Tod ist ein Meister aus Deutschland*", was erahnen lässt, dass dieser das Werk der Nationalsozialisten als „anständige Leistung" ansieht, was im Prinzip auf beinahe alle Nazis zutrifft.[46]

„*Schwarze Milch der Frühe*" ist ebenfalls eine Repetition, welche sich im Verlauf des Gedichts ändert. So schreibt Celan zu Beginn „*Schwarze Milch der Frühe wir trinken <u>sie</u> abends*", in den darauffolgenden Zeilen allerdings „*Schwarze Milch der Frühe wir trinken <u>dich</u> nachts*". Dieser feine Unterschied könnte bereits als erster Schritt des Widerstands gelten,[47] denn die Milch wird hierbei vom distanzierten Objekt („*sie*") zum vertrauten „*dich*"; Die Juden befinden sich nun auf Augenhöhe mit dem Tod. Somit wird die „*Schwarze* Milch" direkt angesprochen, was die Auflehnung verdeutlicht.

Das Paradoxon „*spielt süßer den Tod [...] streicht dunkler die Geigen*" ergibt ein widersprüchliches Bild des Todes. Während „*spielt süßer den Tod*" diesen beinahe willkommen heißt und als friedlich darstellt, insistiert „*streicht dunkler die Geigen*" „auf [die verzweifelte Ironie]" dieses Verses und auf die Angst der Geiger, welche gemeinsam mit den anderen Gefangenen zugrunde gehen.[48] Der Tod kündigt sich wenige Verse später erneut an, als Celan schreibt „*er hetzt seine Rüden auf <u>uns</u> er schenkt <u>uns</u> ein Grab in der Luft*". Das tödliche

---

germanica.revues.org/1471 oder auf: www. Alwinbinder.de/html/paul_celan.html
44 Julia Abel, Das lyrische Werk, in: Kindlers Literatur Lexikon Online, (vgl. URL im Literaturverzeichnis)
45 J. Felstiner, Biographie, S.68
46 Wehler, Gesellschaftsgeschichte, S. 894
47 J. Felstiner, Biographie, S.66
48 J. Felstiner, Biographie, S.68

Zusammentreffen zwischen „Juden und dem deutschen Todesschützen" wird real und gegenwärtig. Der Tod scheint nun nicht weiter nur eine Darstellung zu sein, sondern nähert sich, scheint selbst Akteur zu sein.[49] Darüber hinaus erfasst Celan die Heimatlosigkeit der Juden in dem Abschnitt *„dann steigt ihr als Rauch in die Luft"*. Die Juden ziehen sozusagen weiter, Deutschland wird zu einem „Ort des Sich-Auflösens".[50] Auch Celan wurde oft als „Heimatloser auf der Suche nach einem neuen Ort für sich" bezeichnet.[51] Denn Deutschland als seine Heimat anzuerkennen fiel ihm ebenso schwer, wie angesichts des Geschehenen seine Gedichte in deutscher Sprache zu verfassen.[52] Am Ende des Gedichts verbindet Paul Celan Margarete, welche für das Fortleben des Tötens und Vernichtens der Juden steht, dadurch dass ihr der Lagerkommandant schreibt, als gäbe es eine Zukunft für sie beide, und Sulamith, die mit ihrem *„aschenen Haar"* stellvertretend für alle ermordeten und verfolgten Juden steht.[53] Wie bereits erwähnt, scheint eine makabere Schwesternschaft zwischen den beiden Frauen zu entstehen; dennoch wirken sie unversöhnlich - „Celans Wort 'aschenes' verrät, warum [...]".[54] Sie stehen letztendlich stellvertretend für Juden und Nationalsozialisten und somit gegeneinander. Zum Schluss gilt das letzte Wort Sulamith (*„dein aschenes Haar Sulamith"*) , wodurch diese das Werk der Nationalsozialisten in Erinnerung bei den Lesern der *Todesfuge* hält.[55]

6. Fazit

Wie bereits dargestellt herrschte in Deutschland ein antisemitisches Klima. In Folge der Machtübernahme der Nationalsozialisten kam es bis 1939 immer wieder zu Diskriminierungen der in Deutschland lebenden Juden. Mit Beginn des Krieges im Osten begann vor allem die geplante Vernichtung der Juden. Im Osten des

---

49 Michael Jakob, Das „Andere" Paul Celans oder Von den Paradoxien relationalen Dichtens, München 1993, S. 143
50 Michael Jakob, Das „Andere" Paul Celans oder Von den Paradoxien relationalen Dichtens, München 1993, S. 144
51 Goßens, Handbuch und Dichtung, S. 51
52 Julia Abel, Das lyrische Werk, in: Kindlers Literatur Lexikon Online, (vgl. URL im Literaturverzeichnis)
53 Michael Jakob, Das „Andere" Paul Celans oder Von den Paradoxien relationalen Dichtens, S. 145
54 J. Felstiner, Biographie, S. 69
55 J. Felstiner, Biographie, S. 67

damaligen okkupierten Gebietes wurden Lager, wie beispielsweise Auschwitz, gebaut, die einzig und allein der Vernichtung der europäischen Juden dienten. Auch in Rumänien, Paul Celans damaliger Heimat, waren die Juden somit nicht mehr sicher. Wer fliehen konnte, floh, wer nicht weg konnte oder bleiben wollte, wurde verschleppt und versklavt. Auch Celans Eltern entschieden sich in Rumänien zu bleiben und fanden so den Tod in einem Konzentrationslager durch die Nationalsozialisten. Diese Morde konnte Paul Celan sich selbst nie verzeihen, da er seine Eltern in den Stunden der Gefangennahme und den folgenden Jahren im Konzentrationslager allein ließ, ohne ihnen helfen zu können. Durch Briefe der Mutter und Berichte einiger Bekannter war Paul Celan darüber in Kenntnis gesetzt, welches Leid die Lagerinsassen ertragen mussten und welch grausames Ende sie dort fanden. Er selbst wurde zu jahrelanger schwerer körperlicher Arbeit gezwungen, allerdings nicht in ein Konzentrationslager gebracht.

Dies ist der größere Kontext des Gedichts *Todesfuge*, welches ich anhand der Leitfrage, inwiefern die historischen Hintergründe und Paul Celans Biographie eine Rolle spielen, analysiert und interpretiert habe. Dabei komme ich zu dem Schluss, dass Celan enorm viele Aspekte der Geschichte Deutschlands zu der Zeit 1941 bis 1945 und seines eigenen Lebens und der dabei gewonnenen Erfahrungen in *Todesfuge* verarbeitete. Sei es der unmenschliche Umgang mit den Juden und ihre Vernichtung oder die Ermordung der eigenen Mutter, sowie die daraus entstandene Heimatlosigkeit des Dichters und aller verfolgten Juden. Als Beispiele dazu dienen die Gleichstellung der Juden mit Hunden im Gedicht, als Verweis auf die Diskriminierung der Juden im Nationalsozialismus. Des weiteren die Tatsache, dass die Juden ihr eigenes Grab schaufeln und dazu musizieren mussten und somit deutsche Grausamkeit erfuhren. Diese zeigt sich vor allem in dem Vers „*dann steigt ihr als Rauch in die Luft*", der ganz klar auf die Vergasung und Verbrennung der Juden hindeutet.

Der musikalische Aspekt von *Todesfuge* ist in Bezug auf den historischen Kontext wichtig, da Paul Celan vor dem Verfassen des Gedichts einen Bericht über ein Lager las, in dem Gefangene zum Tango aufspielen mussten, während Gräber ausgehoben wurden. Aus diesem Grunde nannte Celan sein Gedicht auch zunächst *Todestango*.

Auch die Anspielungen im Gedicht auf Gewalt und Folterung der Lagerinsassen durch Ärzte und Kommandanten, wie beispielsweise die Erwähnung der

Schlangen und das Schwingen des Eisens gegen die Juden, verdeutlichen den Bezug zum historischen und biographischen Kontext.

Diese Tatsachen machen es unerlässlich, dass das Gedicht in Bezug auf seinen historischen Kontext und die Biographie des Verfassers hin untersucht wird. Ohne diese wäre es weder möglich eine Vielzahl der von Paul Celan genutzten Sprachbilder und Chiffren zu begreifen, noch das Gedicht an sich zu verstehen.

Erst die Folgen der nationalsozialistischen Vernichtungspolitik gegenüber den Juden führten überhaupt dazu, dass dieses Gedicht verfasst wurde, ebenso die Involvierung Paul Celans in die damaligen Ereignisse.

Aufgrund dessen ist es möglich sich dem Fazit von John Felstiner anzuschließen, dass *Todesfuge* selbst zu einem Akteur der Geschichte wurde, die eigene Biographie in sich akkumulierend.[56]

---

[56] J. Felstiner, Biographie, S. 53

15

7. Literaturverzeichnis

1) Julia Abel, Julia Abel, Paul Celan, Das lyrische Werk, in: Kindlers Literatur Lexikon Online, http://login.kll-online.de/index.php? reason=denied_empty&script_name=/nxt/gateway.dll&path_info=/kll/c/k0 123300.xml/k0123300_010.xml&f=templates$fn=index.htm$q=[rank,500 %3A[domain%3A[and%3A[field,body%3Ajulia%20abel%20das %20lyrische%20werk]]][sum%3A[field,lemmatitle%3Ajulia%20abel %20das%20lyrische%20werk][field,body%3Ajulia%20abel%20das %20lyrische%20werk]]]$x=server$3.0#LPHit1

2) Walther L. Bernecker, Europa zwischen den Kriegen 1914-1945, in: Peter Blickle (Hrsg.), Handbuch der Geschichte Europas, Band 9

3) Alwin Binder, Die Meister aus Deutschland, zu Paul Celans Todesfuge, auf: germanica.revues.org/1471 oder auf: www. Alwinbinder.de/html/paul_celan.html

4) Jean Bollack, Paul Celan, Poetik der Fremdheit, Wien 2000 (gel.)

5) Gerhard Buhr, Celans Poetik, Göttingen 1976 (gel.)

6) Hermann Burger, Paul Celan, Auf der Suche nach der verlorenen Sprache, Frankfurt am Main 1989

7) Israel Chalfen, Paul Celan, Eine Biographie seiner Jugend, Frankfurt am Main 1979

8) Wolfgang Emmerich, Paul Celan, Hambrug 1999 (gel.)

9) John Felstiner, Paul Celan, Eine Biographie, München 1997

10) Peter Goßens, II. Dichtung. Das Frühwerk bis zu *Der Sand aus den Urnen,* in: Markus May, J. Lehmann, P. Goßens (Hrsg.): Celan Handbuch, Leben-Werk-Wirkung, Stuttgart/Weimar, S. 39-140

11) Edda Dupke Hodnett, Aspekte der Sprachgestaltung bei Paul Celan, Frankfurt am Main 1991 (gel.)

12) Michael Jakob, Das „Andere" Paul Celans oder Von den Paradoxien relationalen Dichtens, München 1993

13) Tilmann Köppe/Tom Kindt (Hrsg.), Moderne Interpretationstheorien, Göttingen 2008

14) Peter Horst Neumann, Zur Lyrik Paul Celans, Göttingen 1968 (gel.)

15) Martin Sexl, Einführung in die Literaturtheorie, Wien 2004 (gel.)

16) Edith Silbermann, Begegnung mit Paul Celan, Erinnerung und Interpretation, Aachen 1993 (gel.)

17) Klaus Voswinckel, Paul Celan: Verweigerte Poetisierung der Welt, Versuch einer Deutung, Heidelberg 1974 (gel.)

18) Barbara Wiedemann (Kommentare), Paul Celan, „Todesfuge" und andere Gedichte, Frankfurt am Main 2004

19) Hans-Ulrich Wehler, Deutsche Gesellschaftsgeschichte, Vom Beginn des Ersten Weltkrieges bis zur Gründung der beiden deutschen Staaten, 1914-1949, Band 4, München 2008

20) Zdenek Zofka, Der KZ-Arzt Josef Mengele, Zur Typologie eines NS-Verbrechers, in: Vierteljahreshefte für Zeitgeschichte, 34. Jahrgang, Heft 2 (April 1986), S.245-267

BEI GRIN MACHT SICH IHR
WISSEN BEZAHLT

- Wir veröffentlichen Ihre Hausarbeit,
  Bachelor- und Masterarbeit

- Ihr eigenes eBook und Buch -
  weltweit in allen wichtigen Shops

- Verdienen Sie an jedem Verkauf

Jetzt bei www.GRIN.com hochladen
und kostenlos publizieren